CE CAHIER
APPARTIENT À:

YOUPI !

Youpi c'est l'hiver ! Mais, il fait un peu froid..
Brrr !

Tu veux jouer avec moi ?

Moi, c'est Froufrou. Prends tes moufles,
tes crayons, n'oublie pas quelques
provisions et allons-y !

Comme chaque année avec ma famille,
nous passons l'hiver au chaud.

Aide Froufrou à rentrer chez lui.

Bienvenue !

Je te présente papa et maman Écureuil. Les jours de grand froid, ils enroulent leurs grandes queues pour nous faire un petit nid douillet.

À tes crayons ! Enroule leurs queues en repassant sur les pointillés.

Et voici Noisette, ma sœur cadette, ainsi que Bébé qui passe son temps à dormir, emmitouflé de la tête aux pieds.

Finis de colorier la guirlande en respectant la suite logique des couleurs.

Mon papa, c'est le roi des chocolats chauds,
et moi, j'adore ça !

Repasse sur les pointillés pour dessiner les guimauves et colorie-les avec plein de couleurs différentes.

Bébé Écureuil, lui, adore regarder les jolis flocons tomber.

Complète la grille en coloriant le flocon en bleu, rose ou jaune.
Chaque ligne ou chaque colonne ne doit contenir ces trois couleurs qu'une seule fois.

Maman aime
tricoter des vêtements
super-douillets.

Trouve les cinq paires de chaussettes.

Noisette est la reine de la glace.

Laquelle de ces ombres est celle de Noisette ?

Et moi, Froufrou, je préfère les après-midi cuisine.
Mais la farine, ça vole partout !

Aide-moi et colorie les taches de farine de la même couleur que les éléments salis.

L'hiver, c'est long,
il nous faut
plein de provisions !
10 8 4 6

Les noisettes, c'est ce que je préfère !

Combien en trouves-tu?

Papa Écureuil m'a demandé de rapporter quelque chose de très important à la maison.

Pour savoir ce que doit rapporter Froufrou, pose ton doigt sur lui, et compte 2 vers la droite puis 1 vers le bas.

Mais qui est là ?
Oh ! ce sont mes amis
Hérisson et Lapin.
Eux aussi préparent
l'hiver.

Trouve les cinq différences entre ces deux images.

Ouh, ouh ! Il n'y a plus personne ici !
Mais si, regarde bien, ils sont dans leurs terriers !

Colorie à ta guise.

ZZZ

Cui-cui, cui-cui ! Je suis complètement glacé, moi aussi !

Relie les points pour découvrir qui a si froid !

En hiver, beaucoup d'animaux hibernent.

Relie chaque animal à sa maison.

Froufrou a ramassé des bûches pour la cheminée.
« Bravo ! dit papa Écureuil, avec tout ce bois, je vais pouvoir allumer un beau feu dans la cheminée. »

Trouve les bonnes pièces de puzzle pour reconstituer l'image.

J'adore la soupe au potiron
de Maman Écureuil ! Elle est bouillante !

Sauras-tu retrouver mon bol ? C'est le bol bleu sur lequel est dessiné un sapin. Et il a deux oreilles sur les côtés pour bien le tenir.

C'est déjà la nuit, j'enfile mon pyjama polaire et vite, au lit !

Observe les doudous de bébé Écureuil, Froufrou et Noisette et relie chaque écureuil à son pyjama.

Aujourd'hui, il neige,
alors maman nous a mis
une écharpe, un bonnet
et un cache-oreilles.

Continue de tracer les jolis motifs
et colorie-les ensuite à ta guise.

Et c'est parti pour
le concours du plus
gros bonhomme de neige
avec ma sœur.

Trouve les cinq différences
entre ces deux images.

Toi aussi tu es
un artiste !
Joue avec nous !

Dessine pas à pas ton bonhomme de neige.

Pages 24-25

Pages 34-35

Pages 42-43

Pages 58-59

Splach ! splich ! Ma sœur a déclenché une bataille de boules de neige.

Trouve les bonnes pièces de puzzle pour reconstituer l'image.

Oh non ! Où est passé bébé Écureuil ?

Relie les points pour découvrir où s'est caché bébé Écureuil.

Joue avec bébé Écureuil au SUDOKU.

Complète la grille en coloriant le pingouin en bleu, rose ou jaune.
Chaque ligne et chaque colonne ne doit contenir chacune de ces trois couleurs qu'une seule fois.

Bébé Écureuil veut toujours faire comme les grands, il a copié nos jolis bonshommes de neige.

Trouve les cinq paires de bonshommes de neige.

Le plus beau, c'est celui de notre copine Lapine.

Laquelle de ces ombres est celle du bonhomme de neige de notre copine Lapine ?

Nous nous sommes bien amusés, mais il commence à être tard, rentrons à la maison.

Qui de bébé Écureuil, Noisette ou Froufrou, connait le chemin le plus court ?

C'est l'heure du goûter,
il y a du chocolat chaud,
des biscuits, des crêpes,
de la confiture et plein
de choses délicieuses.

Trouve les bonnes pièces de puzzle
pour reconstituer l'image.

Youpi !
C'est les vacances
et nous partons
aux sports d'hiver !

Cherche et trouve

À la montagne,
il y a plein de grands
sapins verts.

Repasse sur les pointillés,
puis colorie-les à ta guise.

Oh... tu les vois toi aussi ?
Mais à qui sont ces empreintes ?

Suis le chemin pour découvrir qui se cache derrière ces empreintes.

Pour faire du ski, la famille Écureuil met un casque, des lunettes, une combinaison, des gants et des bottes.

Trouve les cinq différences entre les deux images.

Oups ! bébé Écureuil
a mélangé
tous les skis
de la famille.

Retrouve les six paires identiques.

Nous sommes enfin prêts. Hop !
en route pour aller au sommet des pistes.

Prends tes crayons et colorie à ta guise ce coloriage géant.

Il y a beaucoup de monde sur les pistes de ski.

Aide Froufrou à éviter les skieurs pour descendre la piste sans tomber.

Papa est très fort, c'est un champion :
il descend la piste noire !

Suis les fils emmêlés et découvre quel sport
papa Écureuil pratique.

« La luge, c'est trop rigolo ! » dit bébé Écureuil !

Trouve les cinq différences entre les deux images.

Noisette est contente car il y a aussi une immense patinoire !

Trouve les bonnes pièces de puzzle pour reconstituer l'image.

Ce soir, nous dormons au chaud dans un chalet en bois.

Laquelle de ces ombres est celle du chalet de la famille Écureuil ?

Miam ! j'adore le repas de ce soir :
c'est une raclette !

Pour une raclette, il faut des pommes de terre, du fromage et de la charcuterie. Suis cette logique pour que Froufrou puisse préparer une bonne raclette.

Les vacances sont déjà terminées !
C'est passé si vite ! Regarde le beau souvenir
que j'ai rapporté de la montagne.

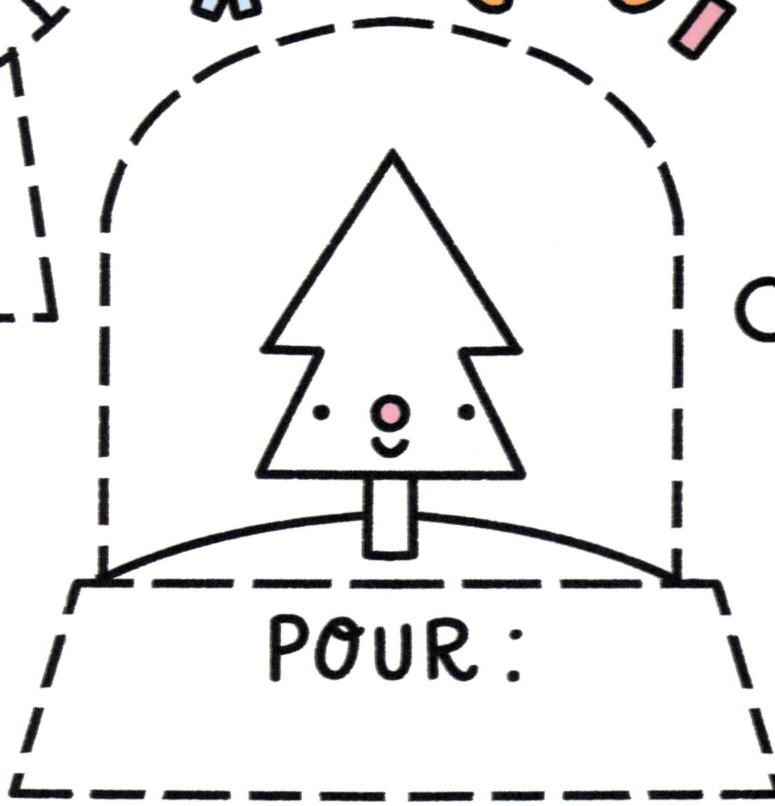

POUR :

Repasse sur les pointillés et colorie à ta guise mais surtout n'oublie pas de dessiner plein de flocons !

Les solutions

P18-19

P48-49

P30-31

P56-57